Totally Spies!™

Série créée par Vincent Chalvon-Demersay, David Michel & Stéphane Berry.
D'après un scénario original de : Rhonda Smiley.

Novélisation : Vanessa Rubio.
Conception graphique du roman : François Hacker.

Hachette Livre, 43, quai de Grenelle, 75015 Paris.

Totally Spies!™

Alex déménage

Nom de code : Sammie, pour les intimes
Look : des robes, des fleurs… des robes à fleurs !
Passion : les livres, encyclopédies et dicos en tout genre
Arme secrète : son cerveau (c'est une tête !)
La phrase qui tue : « Bizarre, bizarre… »

Nom de code : Petite sœur
Look : sportive, mais toujours à la mode
Passion : les arts martiaux
Arme secrète : sa gentillesse (et aussi son coup de pied retourné imparable)
La phrase qui tue : « Spies pour une, toutes pour les Spies ! »

Totally Spies!™

Clover

Nom de code : la Tueuse (de garçons, bien sûr)
Look : toujours à la pointe de la mode
Passion : le shopping… (et les garçons, bien sûr)
Arme secrète : son charme irrésistible
La phrase qui tue : « Il faut que je trouve une tenue pour samedi. »

Jerry

Nom de code : notre chef bien-aimé
Look : hum... Costume, cravate, moustache (une catastrophe !)
Passion : les Spies
Arme secrète : sa moustache ?
La phrase qui tue : « Un peu de sérieux, les filles. »

Gladis

Nom de code : Gadget, Location, Assistance, Dépannage à Intelligence Synthétique (comprenne qui pourra !)
Look : métallique (avec des boutons qui clignotent, attention !)
Passion : la robotique, évidemment
Arme secrète : des bras articulés qui surgissent quand on s'y attend le moins
La phrase qui tue : « Pour cette mission, vous serez équipées d'un système anti-gravitationnel à neutrons auto-propulsé... »

Bonjour tout le monde ! **Mon nom de code est Sam Superspy**. Pour les élèves de ma classe, au lycée de Beverly Hills, je suis une fille sans histoires, acharnée du boulot et qui rafle toujours les meilleures notes. Mais en réalité, ma vie ne se limite pas à ça. Entre un cours de maths et une virée shopping, il m'arrive fréquemment d'être catapultée dans l'autre hémisphère afin de sauver la planète. Rien que ça ! En effet, je suis une espionne au service du WOOHP, l'organisation mondiale de protection de l'humanité, dirigée par notre chef bien-aimé, Jerry. Avec mes deux collègues, Alex et Clover (les deux autres Superspies, qui sont aussi mes super copines), nous avons pour mission de déjouer les projets des plus grands fous dangereux de l'univers. Autant vous le dire tout de suite, dans notre trio, je suis le « cerveau ». Clover ne s'intéresse qu'à la mode et aux garçons. Quant à Alex, elle est adorable, mais vraiment tête en l'air. D'ailleurs, la dernière fois, elle a bien failli y laisser quelques écailles ! Heureusement, Clover et moi, nous étions là. Entre nous, l'amitié, c'est sacré...

Chapitre 1

10 h 23

Villa des Spies, Beverly Hills

— Une bonne grasse matinée… après des mois à se lever aux aurores, c'est le bonheur, s'est exclamée Alex en s'étirant.

— Oh que oui ! a renchéri Clover. On a bien mérité de se reposer.

Je me suis affalée à côté d'elles sur le canapé du salon.

— Alors, les filles, c'est quoi, votre programme pour les vacances ?

— Dodo, dodo, dodo, a bâillé Alex.

Clover a agité ses orteils dans les airs.

— Masques de beauté, manucure, brushing... et bien sûr shopping !

Alex m'a retourné la question :

— Et toi, Sammie ?

— J'ai prévu d'aller voir toutes les expos et tous les films que j'ai ratés parce que je révisais. J'ai un sacré retard à rattraper. Hé, regardez, le facteur a glissé le courrier sous la porte !

Je me suis levée pour le ramasser.

— Hum, trois enveloppes portant le cachet du lycée...

Alex a pâli.

— Argh, nos bulletins !

Clover a poussé un profond soupir :

— Déjà ! Ils ne nous laissent même pas le temps de décompresser. J'espère que ça ne va pas gâcher l'ambiance.

J'ai fait la distribution.

— Pas la peine de faire durer le suspense... Voyons ça !

Dans un silence tendu, nous avons ouvert nos enveloppes.

J'ai sauté de joie.

— Youpi ! Que des A ! Toutes ces heures passées à réviser n'auront pas servi à rien.

Clover a froncé les sourcils.

— J'ai des A, des B... et un C en atelier de métallurgie. Mais ça ne compte pas, parce que je n'ai franchement pas l'intention de devenir maréchal-ferrant.

Comme Alex ne disait rien, nous nous sommes tournées vers elle. Elle a éclaté en sanglots.

— C'est la cata ! Je n'ai que des F !!!

Elle s'est levée, a déchiré son bulletin en petits morceaux, et les a lancés en l'air, comme une pluie de confettis.

— Ce n'est pas normal, je n'ai jamais autant travaillé !

Je lui ai passé le bras autour des épaules pour tenter de la réconforter.

— Oui, mais nous avons eu vingt-trois missions au dernier trimestre. Jerry a exagéré, c'était épuisant.

— Peut-être, mais ça ne vous a pas empêchées d'avoir des bonnes notes, Clover et toi, a-t-elle hoqueté. Pourquoi pas moi ?

— Tu te rattraperas au prochain trimestre ! lui a assuré Clover. Ce n'est pas la fin du monde. Tu imagines, tu aurais pu te casser un ongle ! Ou pire, avoir un bouton sur le nez !

Clover manque vraiment de psychologie, parfois. Mais le plus grave, c'est qu'elle était sincère. Pour elle, le drame absolu, c'est de prendre cinquante grammes ou de faire une tache de vinaigrette sur

son pull de créateur. Un peu superficielle, non ?

La tête entre les mains, Alex a murmuré :

— En tout cas, mes parents ne doivent pas l'apprendre. Sinon je suis morte !!!

Juste à ce moment-là, le téléphone a sonné.

Elle a fait un bond comme si elle avait reçu une décharge électrique.

— Oh non ! Mes parents. Ça y est ! Ils sont au courant. Ils ont dû recevoir le bulletin, eux aussi. Ah, là, là ! Qu'est-ce que je vais leur dire ?? Au secours !

— Calme-toi. Ce n'est pas si terrible, ce ne sont pas des bourreaux, quand même, a tempéré Clover.

— On voit que tu ne les connais pas ! Ils vont être furieux. Ils vont me priver de vacances, c'est sûr. Ils vont même me priver de portable, d'argent de poche, de tout, je te dis !

Mais elle n'avait pas prévu le pire…

Tremblant de tous ses membres, elle a décroché :

— Bonjour, papa ! Bonjour, maman ! Alors ça va ? s'est-elle exclamée avec un enthousiasme forcé.

— Non, ça ne va pas du tout et tu le sais très bien. Tes résultats sont lamentables. Ton père et moi sommes extrêmement déçus.

Les joues en feu, notre amie a balbutié un pitoyable :

— Mais, euh, je peux vous expliquer…

— Trop tard. Tu as trahi notre confiance, nous avons donc pris une décision. Puisque tu n'es pas capable de te débrouiller seule, nous t'avons inscrite dans un internat.

— Un in-internat ? a bégayé Alex.

— Oui, il faut que tu sois mieux

encadrée, a enchaîné son père. Tu iras donc à l'Académie Dorsale, la meilleure institution d'Angleterre !

— En An-angleterre ?

— Parfaitement. Un taxi doit passer te prendre d'une minute à l'autre pour te conduire à l'aéroport. C'est pour ton bien.

J'ai remarqué que, quand les parents prononcent cette phrase, c'est en général pour vous imposer un truc monstrueux : appareil dentaire, stage intensif de maths pendant les vacances, et autres réjouissances du même genre. Alex ne s'y est pas trompée. Elle a fondu en larmes.

— Mais j'ai quand même mon mot à dire…

— NON ! La discussion est close, Alex. Nous voulons ce qu'il y a de mieux pour toi, a conclu sa mère. À demain, ma chérie.

Et elle a raccroché, laissant sa fille dévastée, le téléphone à la main.

Nous avons aussitôt serré notre amie dans nos bras, complètement atterrées par la nouvelle.

— Ce n'est pas possible, tu ne peux pas partir ! s'est exclamée

Clover. Ce ne sera plus pareil sans toi.

— Tu vas trop nous manquer ! ai-je renchéri. Dire que je ne t'entendrai plus chanter sous ta douche tous les matins à 7 h 13 précises !

Clover a fait la grimace.

— Mmmh, bon, ce n'est pas ce qui va me manquer le plus, parce que, quand même, tu chantes sacrément faux, Alex. Je peux te l'avouer maintenant.

Je lui ai envoyé un grand coup de coude dans les côtes en sifflant :

— Ce n'est VRAIMENT pas le moment, Clo !

Alex s'est remise à sangloter :

— Oh oui, oui, vous allez horriblement me manquer. C'est qu'on a nos petites habitudes : notre pizza spéciale Spies devant la télé le dimanche soir…

— Nos virées shopping au centre commercial…, ai-je enchaîné.

— La bagarre pour avoir la salle de bains le samedi matin…

Nous avons toutes hurlé en chœur :

— La vie est trop injuste !!

Alex a relevé courageusement la tête et a déclaré en serrant les poings :

— Ne vous inquiétez pas, je vais vite revenir. Je vais me battre.

J'aurai les meilleures notes dans leur Académie Crotale ou je ne sais quoi.

Nous reprenions espoir.

— Et puis, on se verra toujours pour les missions, a remarqué Clover.

Juste à ce moment-là, un tableau accroché au mur a coulissé et un objet planant non identifié a déboulé dans le salon. Aaaaaaaaah !

Chapitre 2

11 h 34

Villa des Spies, Beverly Hills

L'objet non identifié en question était vêtu d'un costume gris et portait des moustaches assorties. Il s'est relevé en râlant :

— Aïe, ouille ! Hé, ho, doucement !

— Jerry ! Ça alors ! s'est étonnée

Clover. Je ne savais pas qu'on pouvait être whoopé dans les deux sens.

— Vous avez fait bon voyage ? l'a questionné Alex.

— Disons que c'est un peu trop brutal à mon goût, a grommelé Jerry.

— Ravie que vous vous en rendiez compte par vous-même. Que

nous vaut l'honneur de votre visite ? ai-je demandé.

Jerry a pris un air de circonstance.

— Je viens d'apprendre la terrible nouvelle, Alex. C'est dur, mais nécessaire. Je suis moi-même passé par là.

Elle a haussé les sourcils.

— Vous avez fait vos études dans une pension anglaise ?

— Oui, et je ne le regrette pas. Voyez à quel point je suis devenu brillant !

À vrai dire, son trajet dans les tunnels du WOOHP ne l'avait pas arrangé : il était tout débraillé, chiffonné et passablement poussiéreux.

— Mmmh, a acquiescé ironiquement Clover. C'en est même éblouissant.

J'ai alors ramassé un objet qui l'avait suivi dans sa chute. Un truc rectangulaire, plat, et muni d'une poignée…

— Je rêve ou c'est une valise ?

Il a toussoté.

— Hum, moui, exact. Bon esprit de déduction, Sam, c'est une valise. Mon appartement étant infesté par les mites, on a dû le fumiger, j'ai dû fuir et, pour tout vous dire, je ne savais pas où aller…

Sans même attendre la fin de son explication, Clover l'a poussé vers la porte :

— Pour tout vous dire, Jerry, c'est NON. Hors de question, pas ici.

— Mais… euh, ce ne sera que temporaire, a-t-il protesté.

— NON, a répété Clover.

Je me suis frotté le menton, c'est comme ça que me viennent mes meilleures idées. Puisque Alex partait, nous pouvions peut-être héberger Jerry un moment. Cela pouvait présenter de nombreux avantages d'avoir le chef à notre merci…

— C'est d'accord ! ai-je lancé. Vous pouvez rester, mais sous certaines conditions.

— Vous camperez dans le jardin, a décidé Clover. L'accès au premier étage vous est strictement interdit.

J'ai aussitôt ajouté :

— Vous participerez à toutes les corvées de la maison : ménage, poubelles, repassage, courses…

Il m'a tapé dans la main.

— Marché conclu. Vous verrez, vous ne le regretterez pas, je suis un homme modèle.

— Peut-être…, a marmonné Clover. Mais jamais vous n'arriverez à la cheville de notre Alex.

Et nous nous sommes remises à pleurer.

Nous avons sangloté en chœur

jusqu'à ce qu'un taxi vienne la chercher.

— Au revoir, les filles ! a-t-elle lancé en nous adressant un signe de la main. Ne m'oubliez pas surtout.

— Ne t'en fais pas. Les kilomètres n'y changeront rien. On est amies pour la vie, ai-je promis.

Nous l'avons regardée monter dans la voiture, dans son petit uniforme de parfaite élève anglaise : jupe plissée, veste aux armes de l'école, cravate et chemisier blanc.

C'était émouvant. Même Jerry a versé une petite larme.

Pauvre Alex, elle quittait les palmiers et le soleil doré, pour le pays de la pluie et du ciel gris…

Bon, j'arrête, ça me donne le cafard.

Chapitre 3

18 h 27

Villa des Spies, Beverly Hills

— Tu crois qu'elle est arrivée ? m'a demandé Clover pour la vingtième fois de la journée. J'aimerais bien avoir de ses nouvelles.

— Laisse-lui le temps de s'installer, elle va sûrement nous… JERRY ! Qu'est-ce que vous faites ?

Je me suis précipitée dans la cuisine, Clover sur les talons.

— C'est pas vrai ! s'est-elle exclamée. On pourrait croire qu'au vingt et unième siècle tout le monde sait se servir d'un micro-ondes. La preuve que non ! Vous êtes né au Moyen Âge ou quoi, Jerry ?

Tant bien que mal, elle a essayé d'éponger la mousse poisseuse qui dégoulinait de notre four. En vingt-quatre heures, notre chef avait réussi à mettre la maison à sac. Il avait essuyé la vaisselle avec le pull en cachemire de Clover (quel sacrilège !) ; repeint notre canapé à la sauce tomate ; parfumé les coussins à la pizza aux anchois, j'en passe et des meilleures...

La sonnerie du com-poudrier nous a interrompues en plein désastre domestique.

— Salut, Alex ! Si tu savais comme tu nous manques ! a gémi Clover.

— Oh, vous me manquez aussi, les copines. C'est plein de gens bizarres ici.

— T'inquiète, nous aussi, on a notre compte de bizarreries, ai-je répliqué. Jerry est insupportable !

— Ça ne peut pas être pire que

mes camarades de classe. Bonjour l'accueil ! Ils ont une sorte de code secret bizarre à base de claquements de langue. Et puis ils passent leur temps à manger du poisson cru même pas écaillé et à faire des longueurs dans la piscine…

— Il y a une piscine, c'est génial, ça ! s'est exclamée Clover. Nous,

on ne peut plus se baigner parce que Jerry a mis du shampooing dedans, en croyant que c'était du produit nettoyant.

— Oui, mais il pleut tout le temps, on porte des uniformes en laine qui grattent et le directeur est sinistre. Il a un nez énorme et ne parle que de sa passion : les dauphins. Il a même baptisé l'école en l'honneur de leur nageoire dorsale. N'importe quoi ! À croire qu'il est né dans un aquarium...

J'ai poussé un soupir excédé :

— Ne me parle pas d'aquarium. Jerry a confondu mon ombre à paupières « Paillettes de soleil » avec la nourriture pour les poissons. Maintenant, c'est soirée disco dans leur bocal.

J'ai réussi à la faire rire un peu,

mais on sentait bien qu'elle avait le mal du pays.

Elle s'est essuyé les yeux d'un revers de main.

— Ah, ça fait du bien de vous entendre. Comme j'ai une heure de pause entre deux cours, je vais aller faire une petite sieste. Je ne suis pas encore remise du décalage horaire. Et puis j'ai hâte d'essayer mon lit, un truc super perfectionné avec matelas à eau, humidificateur d'air et simulateur de vagues. Dingue !

— Bonne sieste, Alexounette. Et rappelle-nous si tu as un coup de blues, a conseillé Clover.

— OK, bye-bye, les filles !

Après avoir raccroché, nous avions le cœur gros. Notre pauvre Alex n'avait pas vraiment l'air

d'apprécier sa nouvelle école. Mais nous n'avons pas eu le temps de nous appesantir sur le sujet car soudain…

— Tiens, j'ai senti une goutte, s'est étonnée Clover. Pas toi ?

— Si, je viens d'en recevoir une sur le nez.

J'ai tendu la main.

— Bizarre… On dirait qu'il

pleut. Pourtant on est à l'intérieur...

Le plic-ploc s'est alors transformé en véritable averse. En quelques secondes, nous étions trempées.

Jerry est apparu, la moustache dégoulinante et la tête basse.

— Je suis désolé, les filles. Je ne sais pas ce qui s'est passé.

Clover est retournée dans la cuisine et en est ressortie en se pinçant le nez.

— Moi, je sais. Vous avez mis vos chaussettes à sécher sur le grille-pain, elles ont brûlé, ce qui a déclenché le système de protection anti-incendie !!!

Notre grand chef nous a dévisagées, l'air penaud.

— Désolé, a-t-il répété.

— Vous avez inondé notre maison, enfumé notre cuisine et ruiné mon brushing, c'est un crime !!! Je ne sais pas ce qui me retient de vous étrangler ! a hurlé Clover.

— Tout de même, je dirige le WOOHP, nous a-t-il rappelé en tournicotant sa moustache mouillée. C'est moi qui…

— C'est vous qui déclenchez

une catastrophe dès que vous touchez à quelque chose, ai-je complété. Ça ne peut plus durer…

Tiou-tiou !

Une fois de plus, Jerry a été sauvé par la sonnerie du com-poudrier.

J'ai saisi le boîtier qui clignotait en émettant un bip strident.

— Alex a déclenché son signal de détresse. Qu'est-ce qu'elle a ?

J'ai tenté de la rappeler, en vain.

— Elle ne répond pas. Pourtant elle ne va nulle part sans son com-poudrier. Il lui est sûrement arrivé quelque chose.

Trop content de pouvoir changer de sujet, Jerry a aussitôt ordonné :

— Allez voir ce qui se passe en Angleterre, les Superspies. Alex est peut-être en danger. Il faut en

avoir le cœur net ! Gladis, les gadgets, je vous prie.

Là, il faut reconnaître qu'il a fait fort, notre chef adoré, car son assistante robotique est sortie de la hotte aspirante super design de la cuisine.

— Pour cette mission, mesdemoiselles, vous serez équipées d'un micro-émetteur ultrasensible, de Boulabombes fumigènes et de notre dernière nouveauté, le chewing-gum Bulloprotecteur à la cerise. Bonne mission !

Chapitre 4

20 h 15

Académie Dorsale, Grande-Bretagne

Un petit coup de superjet et hop ! nous étions en Angleterre. Un petit coup sur la touche « relookage express » de notre com-poudrier et re-hop ! nous étions devenues deux parfaites élèves de l'Académie Dorsale, veste bleu marine et jupe plissée.

Clover n'arrêtait pas de ronchonner.

— Oh, là, là ! Non seulement ces uniformes sont ridiculement démodés, mais en plus, qu'est-ce qu'ils grattent !

— Regarde, ils ont cours dans un véritable manoir ! me suis-je extasiée en admirant les escaliers en bois et les tableaux aux murs. La classe !

— Tu parles, c'est humide comme dans une cave. J'ai les cheveux qui frisent.

J'ai consulté l'écran du com-poudrier.

— Le signal de détresse d'Alex provient du troisième étage.

— Allons-y vite, je ne tiens pas à m'éterniser dans cet endroit sinistre… En plus, Alex a raison : les élèves sont bizarres. Tu as vu leur tête ? Et ils ricanent d'une drôle de façon. Brr, ça me donne la chair de poule.

Alors que nous nous faufilions dans les couloirs sombres du manoir, je me suis caressé le menton (ça m'aide à réfléchir, tous les grands détectives font ça).

— Oui, c'est très étrange, à mon avis, ce n'est pas sans rapport avec l'appel d'Alex. Dépêchons-nous.

Évidemment, nous avons trouvé sa chambre déserte. Au milieu de la pièce trônait l'énorme lit ultra-perfectionné dont elle nous avait parlé. Un matelas à eau rond avec tout un tas de réglages possibles, surmonté d'un dauphin argenté. Le com-poudrier d'Alex gisait à côté.

Je l'ai ramassé pour éteindre le signal de détresse.

— Elle a dû le déclencher en urgence, juste avant de partir… ou d'être enlevée. Ça commence à vraiment m'inquiéter. Allons questionner le directeur.

Nous nous sommes donc rendues dans le bureau du directeur

de l’établissement, M. Cyril Del Fino, comme l’indiquait la plaque dorée fixée sur la porte.

En élèves obéissantes et polies, nous avons frappé.

— Personne…, a constaté Clover.

— Profitons-en pour faire une reconnaissance des lieux en tant que Superspies !

Clover, ravie de quitter son kilt, nous a aussitôt revêtues de nos combinaisons d’espionnes grâce au com-poudrier. Puis nous avons entrepris de fouiller méthodiquement la pièce : moquette épaisse, meubles cirés, bibliothèques chargées de bouquins… mais surtout des dauphins, des dauphins partout ! En peinture, en sculpture, en moulure, en dorure ! Du dauphin à toutes les sauces : stylo, presse-papier, agenda…

J'ai secoué la tête.

— À ce niveau-là, ce n'est plus

une passion, c'est une véritable obsession.

— Ouais, c'est dingue ! Même sur ses photos de vacances, il pose avec eux ! a confirmé Clover qui farfouillait dans les étagères. Il a la delphinite aiguë ! Oh, zut !

— Qu'est-ce qu'il y a ?

— J'ai failli faire tomber ce petit dauphin en bronze.

C'est alors qu'une des bibliothèques a coulissé, laissant apparaître la paroi en verre d'un gigantesque aquarium.

Dans l'eau bleutée flottait… notre Alex !

Enfin, une Alex un peu bizarre. Nous nous sommes approchées, médusées. Elle avait un drôle de nez allongé et une nageoire dorsale lui poussait dans le dos…

Un appareil à rayons était en train de la transformer en dauphin !

Chapitre 5

22h12

Académie Dorsale, Grande-Bretagne

Alors que nous assistions à cette transformation monstrueuse, bouche bée, la porte du bureau s'est ouverte brusquement.

Le directeur est apparu, entouré d'une bande d'élèves costauds, et qui n'avaient pas l'air franchement commode, avec leur long nez de dauphin et leurs mains palmées comme des nageoires.

— Qu'avez-vous fait à notre amie ? a hurlé Clover. Vite, il faut la sortir de là.

Le directeur s'est planté devant nous, nageoires croisées.

— Le Dolphinator l'a transformée. C'est une des nôtres mainte-

nant, vous ne pouvez plus rien y faire.

Clover a regardé ce malade en écarquillant les yeux.

— Mais vous êtes quoi au juste ? Un homme ou un mammifère marin ?

— Un peu des deux. Quand j'avais dix ans, je suis tombé du voilier de mes parents. Ce sont les dauphins qui m'ont sauvé, recueilli et élevé. Ils sont devenus ma véritable famille, a expliqué le directeur.

Puis il s'est lancé dans une tirade enflammée en gesticulant des nageoires :

— Et nous, qu'offrons-nous à ces créatures d'une grande intelligence et d'une extrême gentillesse ? Des océans pollués, des filets de pêche, des collisions avec des bateaux ! Il faut réagir ! Grâce à mon Dolphinator, bientôt le monde appartiendra aux dauphins. Attrapez-les !

— Je vois, encore un fou dangereux. Version Aqualand, cette fois-ci ! ai-je soupiré.

Et je me suis mise en position de combat.

Voyant que nous n'étions pas plus impressionnées que ça, l'une des sardines sur pattes s'est jetée sur nous. Mais Clover a bloqué son attaque d'un fluide mouvement de kung-fu.

— Vous avez beau me regarder avec vos yeux de merlan frit, je vais vous donner une leçon de natation et vous renvoyer dans vos aquariums, les gars !

La bagarre qui a suivi a été des plus originales. Superspies contre hommes-poissons, vous auriez dû voir ça !

Je dois avouer qu'un coup de nageoire en pleine tête, ça ne fait pas du bien. Mais nous, les Spies, nous sommes parfaitement entraînées, et nous les aurions rapidement transformés en sushi, ces mutants mi-humains mi-dauphins, si le directeur n'était pas intervenu :

— Allez-y, utilisez votre filet de bulles !

Ses élèves se sont alors mis à cracher des bulles, des bulles et des bulles.

— Vous plaisantez, quelques malheureuses bulles ne font pas peur aux Superspies !

— C'est ce que nous allons voir. Les dauphins utilisent cette technique pour capturer leurs proies… ou les espionnes trop curieuses !

Effectivement, c'était assez efficace. Nous avons bientôt été submergées. Cyril Del Fino et sa bande n'ont eu aucun mal à nous enfermer dans l'aquarium en compagnie d'Alex.

— Détendez-vous, nous a-t-il conseillé. Mon robot Dolphinator s'occupe de tout. Allez, je vous laisse. Quand je reviendrai, vous serez des nôtres.

Et sur ces bonnes paroles, il a

quitté le bureau. Nous étions en très mauvaise posture, dans le Dolphinator.

— Vite, Sam, trouve une idée géniale, m'a suppliée Clover. On va se faire dolphiniser. Les dauphins, c'est très mignon, mais la nageoire dorsale, ça ne doit pas être très pratique pour s'habiller à la mode !

« Sam, trouve une idée. » Elle

en avait de bonnes ! C'est vrai que je suis géniale, mais j'avais la tête pleine de bulles. De bulles ? Je la tenais, la solution. (Dites, vous connaissez un mot plus fort que « géniale » ? Extragéniale, peut-être…)

— Prends un chewing-gum et fais comme moi, Clover, ai-je ordonné en lui tendant le gadget de Gladis.

Nous avons soufflé, soufflé, souf-

flé. Et zou, nous nous sommes retrouvées à l'abri d'une bulle de chewing-gum géante.

— Et voilà le travail ! me suis-je exclamée. Comme ça, les rayons du Dolphinator ne peuvent pas nous atteindre.

— Bien joué. En plus, le goût cerise n'est pas mauvais, a reconnu Clover. Reste à trouver comment sortir de l'aquarium.

J'ai dégainé mon com-poudrier.

— Contactons Jerry. Il saura sans doute nous conseiller.

Notre chef moustachu est apparu en hologramme, sur fond de musique techno assourdissante.

— Jerry ? Mais qu'est-ce que vous fabriquez ?

BOUM-BOUM TI TI TI TIDI-DIDI BOUM !

— Désolé, Sam. La connexion doit être mauvaise, je ne vous entends pas bien.

— Vous vous fichez de nous ! s'est emportée Clover. Vous avez organisé une fête à la maison en notre absence ?

— Comment ? Quoi ? Je ne vous entends plus. Je raccroche, a balbutié Jerry.

Clover était hors d'elle.

— C'est la meilleure ! On est sur le point de se faire dolphiniser et Jerry nous raccroche au nez.

Un craquement sinistre a retenti.

— Oublie Jerry, Clover. On a un problème plus urgent. La bulle va faire exploser l'aquarium !

Chapitre 6

23 h 02

Académie Dorsale, Grande-Bretagne

Un raz de marée plus tard, nous nous sommes retrouvées à plat ventre sur le tapis du bureau. Saines et sauves, juste complètement trempées.

Et, pour Alex, complètement dolphinisée.

— Ben voilà, ce chewing-gum a

réglé tous nos problèmes, a constaté Clover.

— Tous, sauf un, lui ai-je rappelé en montrant notre amie du menton.

Je lui ai tendu la main pour l'aider à se relever. Pauvre Alex, elle était monstrueuse comme ça. Il fallait au plus vite lui rendre son apparence.

— Boi, je l'aimais bien bon bassin, a-t-elle protesté d'une voix nasillarde. Pourquoi vous b'avez sortie de l'eau ?

— Parce que tu es une espionne, Alex, une Superspy. Pas un dauphin.

Elle a émis ce petit cliquetis strident qui ressemble à un ricanement (prodigieusement agaçant !).

— M. Del Fino a probis de faire

de boi une créature parfaite et supérieurebent intelligente.

De la part d'une fille qui était en train de faire tourner un ballon sur son nez, ce genre de remarque aurait pu prêter à sourire. Sauf que nous avions plutôt envie de pleurer.

Clover a pris une profonde inspiration avant de répondre :

— Tu sais, Alex, être mi-humain mi-dauphin présente sûrement des avantages, mais avec le nez que tu as, tu ne trouveras jamais une coupe de cheveux qui t'aille.

C'est ce que j'aime chez Clover, elle a vraiment le sens pratique !

J'ai soupiré :

— Il est trop tard pour la raisonner, Clo. Essayons plutôt d'inverser le Dolphinator pour qu'elle redevienne normale.

Sur ces mots, j'ai commencé à examiner l'engin pour trouver la fonction « marche arrière ».

Mais Alex ne l'entendait pas de cette oreille. (Au fait, soit dit en passant, j'ignore si les dauphins ont des oreilles. C'est une question à creuser…)

Elle s'est mise à pousser son cri

perçant pour ameuter ses petits camarades. Ils ont aussitôt rappliqué et ont de nouveau essayé de lancer leur filet de bulles sur nous.

— Ah non, ça ne marche pas cette fois ! a crié Clover en jetant les Boulabombes pour les enfumer. Il y a un proverbe qui dit Chat échaudé ne… C'est comment déjà, Sam !

— Tu sais que j'adore faire mon

intéressante, mais là je crois qu'on ferait mieux de fuir !

Et c'est ce que nous avons fait.

Chapitre 7

0 h 22

Académie Dorsale, Grande-Bretagne

Le Dolphinator sous le bras, nous avons filé à l'autre bout de l'Académie et nous sommes arrivées à la fameuse piscine dont nous avait parlé Alex.

Soudain, Clover s'est arrêtée net, pile au bord de l'eau.

— Sam, je viens d'avoir une idée !

— Non, c'est pas vrai !

— Si, si, je t'assure. J'ai enregistré les cris d'Alex sur mon micro émetteur-récepteur. On pourrait s'en servir pour attirer toute la clique dans la piscine et leur redonner forme humaine avec le Dolphinator. Qu'est-ce que tu en penses ?

J'ai applaudi.

— C'est vraiment une idée géniale. Pour te récompenser, je t'offre un mois de manucure.

— Chic alors, je devrais avoir des idées plus souvent ! s'est-elle exclamée en mettant l'émetteur en place.

Alertés par nos cris enregistrés, tous les élèves ont rappliqué et, comme j'avais mouillé le carrelage pour les accueillir, ils ont glissé

direct dans la piscine – Alex, le directeur et tous les autres…

Clover a plongé le Dolphinator dans la piscine, déclenché le rayon… et tous ces mutants mi-humains mi-dauphins ont retrouvé leur forme première. Bye-bye nageoire dorsale, bye-bye vilain nez pointu !

Alors qu'Alex sortait de l'eau, un peu secouée, Clover l'a rassurée :

— On a fait ça pour ton bien, Alexounette. Tu es beaucoup plus mignonne comme ça, franchement.

Notre amie a tâté son joli petit nez retroussé.

— Je te crois sans problème. J'adore les dauphins, mais les mélanges, très peu pour moi.

Elle a tenu à passer elle-même les

menottes au directeur de l'Académie.

— Vous l'avez bien mérité, espèce de requin dégénéré !

Vu la tête qu'il a faite, elle avait visé juste, c'était l'insulte suprême !

Chapitre 8

10 h 10

Villa des Spies, Beverly Hills

Quand nous sommes arrivées à la maison, une autre surprise nous attendait…

Sa valise à la main, notre chef dégarni s'apprêtait à quitter les lieux.

— Ah, j'allais partir. Je vous laisse entre vous, les filles !

Sourcils froncés, j'ai jeté un coup d'œil autour de moi. Notre villa ne ressemblait plus à rien. On aurait dit qu'un troupeau d'éléphants y avait disputé un match de foot.

— Stop ! Vous n'irez nulle part tant que vous n'aurez pas remis la maison en état, ai-je décrété en lui bloquant le passage.

— Gladis ! a ordonné Clover.

Donnez donc à Jerry le nécessaire pour faire reluire notre demeure comme un palace !

Le robot lui a tendu seau, serpillière et balai. Et notre chef s'est docilement mis au travail. Le rêve !

J'ai sorti mes lunettes de soleil.

— Parfait, pendant ce temps-là, on va faire bronzette au bord de la piscine. Après toutes ces émotions, on l'a bien mérité.

Alex s'est étirée dans sa chaise longue.

— Mmm, on est tellement bien à la maison. Je ne veux plus jamais repartir.

Clover a hoché la tête

— Heureusement que le lycée a téléphoné à tes parents pour leur dire qu'il y avait erreur. Comment ont-ils pu t'envoyer le bulletin d'une autre ? C'est dingue ! Enfin, tout est bien qui finit bien !

— Tu l'as dit ! a acquiescé Alex. Adieu thé, pluie et uniforme qui gratte ! Vive les cocktails, le soleil et les bikinis !

J'ai pris un air pensif.

— Je me demande quand même à qui appartenait ce bulletin catastrophique…

Soudain un rugissement féroce a retenti de l'autre côté de la haie :

— MAAAAANDYYYY ! Qu'est-ce que c'est que ces notes ? Tu es privée de sortie pour tout l'été.

Alex nous a regardées d'un air complice :

— Je crois qu'on a la réponse, les filles…

Fin

Quelles missions top-secrètes attendent encore les Spies ?

Pour le savoir tourne vite la page

Retrouve Alex, Clover et Sam dans le prochain tome de la série : *Princesse d'enfer*

Bonjour mesdemoiselles ! Voici ce qui vous attend dans votre prochaine mission :

Les Super 4, les quatre plus grosses fortunes du monde, sont menacés... Trois d'entre eux ont déjà été enlevés. Vous êtes chargées de surveiller la prochaine victime potentielle : la milliardaire Milan Stilton. Cette jeune héritière doit bénéficier de toute votre attention. Vous vous installerez donc dans sa superbe villa.
Mais ne vous réjouissez pas trop vite, mesdemoiselles : la vie de château n'est pas de tout repos !

Bienvenue dans les archives du WOOHP. Attention, toutes les missions des Spies sont ultra-confidentielles !

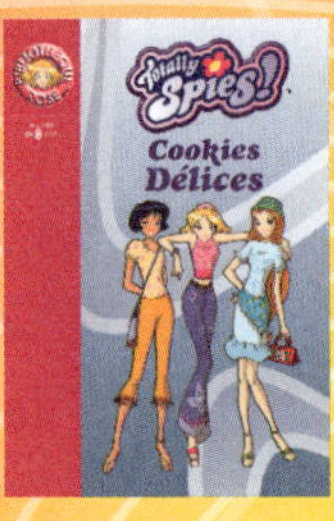

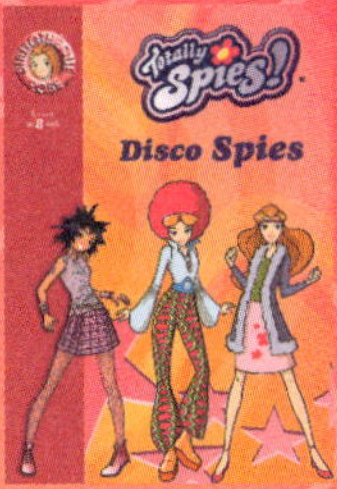
Totally Spies!
Disco Spies

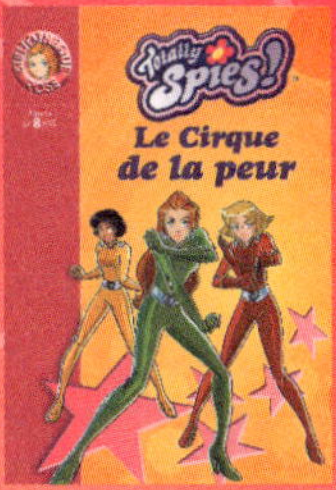
Totally Spies!
Le Cirque de la peur

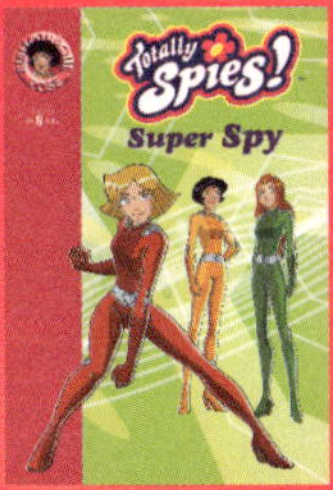
Totally Spies!
Super Spy

Totally Spies!
Coup de foudre à haut risque

Totally Spies!
Action-Vérité

Totally Spies!
Sois beau et bats-toi !

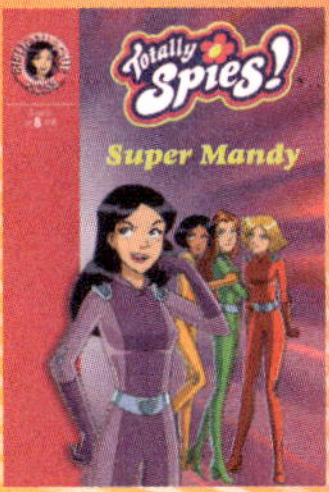
Totally Spies!
Super Mandy

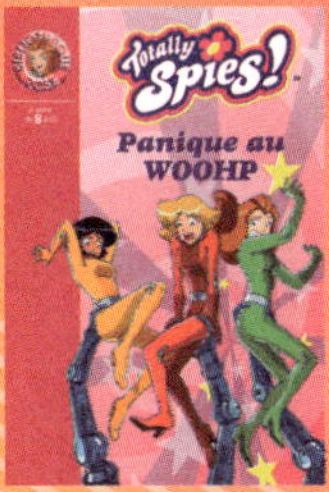
Totally Spies!
Panique au WOOHP

Totally Spies!
Jerry fait son cinéma

Totally Spies!
Le choc du futur

www.bibliothequerose.com
Le site de tes héros préférés
LA BIBLIOTHÈQUE ROSE
TES SÉRIES PRÉFÉRÉES
CONCOURS
QUOI DE NEUF ?
L'ATELIER
LA BOUTIQUE
LA BIBLIOTHÈQUE ROSE

Table

« Pour l'éditeur, le principe est d'utiliser des papiers composés de fibres naturelles, renouvelables, recyclables et fabriquées à partir de bois issus de forêts qui adoptent un système d'aménagement durable. En outre, l'éditeur attend de ses fournisseurs de papier qu'ils s'inscrivent dans une démarche de certification environnementale reconnue. »

Imprimé en France par Qualibris (JL)
Dépôt légal : novembre 2007
20.20.1366.2/01 – ISBN 978-2-01-201366-7
Loi n°49-956 du 16 juillet 1949
sur les publications destinées à la jeunesse